NOUVEL ALPHABET
DES MÉTIERS

ILLUSTRÉ

DE NOMBREUSES GRAVURES

PARIS

BERNARDIN-BÉCHET, LIBRAIRE-ÉDITEUR

31, QUAI DES AUGUSTINS, 31

1862

NOUVEL ALPHABET
DES MÉTIERS

NOUVEL ALPHABET
DES MÉTIERS

ILLUSTRÉ

DE NOMBREUSES GRAVURES

PARIS
BERNARDIN-BÉCHET, LIBRAIRE-ÉDITEUR
31, QUAI DES AUGUSTINS, 31
1862

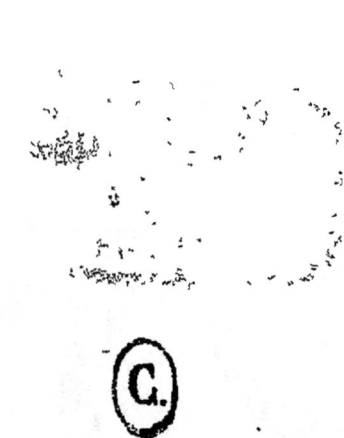

MAJUSCULES

A B C

D E F

G H I J

K L M

— 6 —

N O P

Q R S

T U V

X Y Z

MINUSCULES

a b c d

e f g h

i j k l m

n o p q

r s t u

v x y z

MAJUSCULES ITALIQUES

A B C D

E F G H

I J K L M

N O P Q

R S T U

V X Y Z

MINUSCULES ITALIQUES

a b c d

e f g h

i j k l m

n o p q

r s t u

v x y z

LETTRES DE FANTAISIE

A B C D E F G
H I J K L M N O
P Q R S T U V
W X Y Z Æ Œ

A B C D E F
G H I J K L
M N O P Q R
S T U V X Y Z

A B C D E F G
H I J K L M N O
P Q R S T U V X
Y Z Ç W Æ Œ

A B C D E F G H I J K L
M N O P Q R S T U V X Y
Z Ç Æ Œ W

MAJUSCULES GOTHIQUES

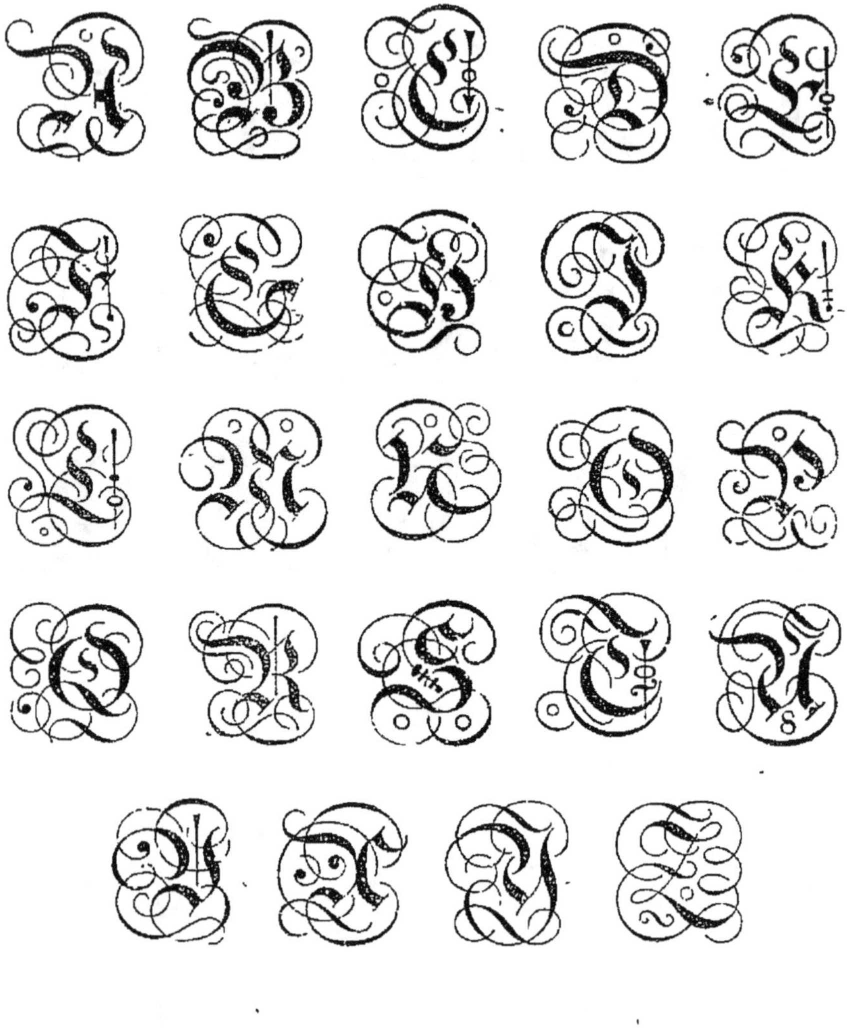

LETTRES DE RONDE

a b c d e f g h i
j k l m n o p q r
s t u v w x y z

VOYELLES MAJUSCULES

A E I O U Y

VOYELLES MINUSCULES.

a e i o u y

LETTRES ACCENTUEES.

à â é è ê î ô ù û

SIGNES DE PONCTUATION

Virgule (,)
Point et Virgule (;)
Point (.)
Deux Points (:)
Apostrophe (') l'orage.
Point d'interrogation (?)
Point d'exclamation (!)
Trait-d'union (-)
Parenthèse ()
Guillemet (»)

CHIFFRES

0	1	2	3	4	5	6	7	8	9
Zéro	Un	Deux	Trois	Quatre	Cinq	Six	Sept	Huit	Neuf

SYLLABES

ba	be	bi	bo	bu
ca	ce	ci	co	cu
da	de	di	do	du
fa	fe	fi	fo	fu
ga	ge	gi	go	gu
ha	he	hi	ho	hu
ja	je	ji	jo	ju
ka	ke	ki	ko	ku
la	le	li	lo	lu
ma	me	mi	mo	mu
na	ne	ni	no	nu
pa	pe	pi	po	pu
qua	que	qui	quo	quu
ra	re	ri	ro	ru

sa	se	si	so	su
ta	te	ti	to	tu
va	ve	vi	vo	vu
xa	xe	xi	xo	xu
za	ze	zi	zo	zu
bla	ble	bli	blo	blu
cla	cle	cli	clo	clu
dra	dre	dri	dro	dru
fla	fle	fli	flo	flu
gla	gle	gli	glo	glu
pla	ple	pli	plo	plu
spa	spe	spi	spo	spu
tra	tre	tri	tro	tru
vra	vre	vri	vro	vru

MOTS D'UNE SYLLABE

Air	Pas	Main
Deux	Par	Loi
Oui	Sans	Jeu
Et	Dieu	Un
De	Don	Or
Huit	Doux	Est
Si	Sur	Long
Dont	Ton	Vous
Ni	Pont	Pluie
Le	Banc	Mois
Bon	Bols	Fort
Bien	Buis	Faim

MOTS DE DEUX SYLLABES

Pa-pa	Oi-seau
Ma-man	Ca-non
Bi-jou	Tau-reau
En-fant	Mou-le
Cou-sin	Che-val
Bon-ne	Cor-beau
Tam-bour	Cou-leur
Bal-le	Bis-cuit
Bou-le	Ton-neau
Gâ-teau	Ra-bot
Da-da	Ra-teau
Chai-se	Poi-re
Sol-dat	Pom-me
Na-nan	Rai-sin

MOTS DE DEUX ET TROIS SYLLABES

É-toi-le	Poi-vre
Ré-ser-voir	Sa-van-te
Ta-blier	Com-plet
Son-net-te	Heu-reu-se
Pa-ra-dis	Trou-vé
É-gli-se	Ju-ge-ront
Fa-mil-le	Tan-te
O-rai-son	Cou-ra-ge
Doc-tri-ne	Sau-teu-se
En-trail-les	Plei-ne
In-stru-ment	Vi-van-te
En-ton-noir	Mon-de
Mai-son	Qua-li-té
Sou-ve-nir	Dé-cem-bre

Cra-va-che	Mon-ta-gne
Pen-du	Sa-bre
Vé-ri-té	Grim-pe-ra
Dé-mo-li	Ma-ga-sin
Au-ro-re	Jeu-di
Cham-bre	Ven-dre-di
Sar-di-ne	É-pe-ler
Ar-ti-chaut	Gou-ver-ne
Har-di-ment	Pro-pre-té
Ne-veu	Ra-re
Hor-lo-ger	Por-te
Bra-va	Fro-ma-ge
Hau-teur	Hau-te
No-vem-bre	Ca-po-ral
Jar-din	Em-pe-reur

No-ble	Dou-leur
Am-bi-gu	La-bou-ré
Chè-vre	Bra-ce-let
Fan-tai-sie	Bar-bil-lon
Car-pe	Bru-yè-re
Poi-son	Xan-te
Pois-son	A-ver-se
Mé-ri-te	Ruis-seau
É-coû-ta	Sel-le
Fa-ri-ne	Cor-ni-chon
Ven-du	Vi-gne
Con-ten-ta	Cho-co-lat
Mar-di	Zig-zag
Sain-te-té	Af-fai-re
Vo-leu-se	Bras-se-rie

MOTS DE QUATRE SYLLABES

Pé-ni-ten-ce	Ca-ra-bi-nier
Pro-me-na-de	Fi-na-le-ment
Ba-lan-çoi-re	Ca-ma-ra-de
Gour-man-di-se	Bo-ta-ni-que
Con-ve-na-ble	A-bat-te-ment
Glou-ton-ne-rie	Fra-ter-ni-té
Do-mes-ti-que	Il-lus-tra-tion
Fa-ci-le-ment	Las-si-tu-de
Re-con-nais-sant	Ca-pi-tai-ne
Mar-chan-di-se	Four-mi-liè-re

MEMBRES DE PHRASES

Mon père parle à ma mère.
Ce prince ne veut pas manger.
Demain je chanterai un cantique.
Il faut préférer l'honneur à la fortune.
Cette dame me dit avoir mal à la tête.
On lui portera du pain et du vin.
L'hiver sera très-rigoureux.
Le froid ne te fera pas mourir.
Ecoutons toujours les bons conseils.
Paris est une des plus grandes villes du monde.
On doit aimer et désirer la sagesse et la vertu.
C'est Dieu qui a fait le ciel et la terre.
Le printemps ranime toute la nature.
Les petits enfants aiment bien les cerises et les fraises.

La clarté de la lune est due à la lumière du soleil.

Deux fois quatre font huit.

La Russie est la plus grande puissance de l'Europe.

Il y a eu un déluge qui a inondé toute la terre.

Rome est une des plus anciennes villes du monde.

Dieu aime les petits garçons qui se montrent sages et dociles.

Beaucoup d'animaux féroces habitent les pays chauds.

L'Angleterre est une île qui est séparée de la France par le Pas-de-Calais.

Deux fois dix font vingt.

C'est Christophe Colomb qui a découvert l'Amérique.

PHRASES

Dieu veut que les petits enfants aiment bien leur père, leur mère, leurs frères et leurs sœurs, puis qu'ils apprennent aussi à bien lire, à écrire, à parler et à chanter.

Dieu veut encore que les petits enfants pensent à lui tous les jours, tous les matins en se levant, tous les soirs en se couchant, et qu'ils le prient de tout leur cœur.

Comme c'est Dieu qui donne la vie aux petits enfants et la leur conserve, il s'en suit que c'est lui qu'ils doivent aimer le plus ; mais après lui c'est leur père et leur mère, parce que ce sont eux qui ont le plus de soin d'eux, leur font le plus de bien, et leur rendent le plus de services.

Les contrées de la France qui produisent le plus de blé, sont : la Beauce, la Brie, le Berri, l'Artois, la Normandie, la Picardie et la Champagne.

Voilà environ six mille ans que le monde existe; Dieu le fit en six jours et par la puissance de sa parole.

Après avoir créé le monde et tous les animaux qui le peuplent, Dieu créa ensuite l'homme et la femme à son image.

Le premier homme fut appelé Adam, et la première femme Ève. Adam et Ève sont donc le premier père et la première mère du genre humain.

CRIS DES ANIMAUX

Le renard glapit.
Le corbeau coasse.
La grenouille croasse.
Le serpent siffle.
Le cheval hennit.
Le taureau mugit.
Le bœuf beugle.
L'âne brait.
Le mouton bêle.
Le chien aboie.
Le chat miaule.
Le cochon grogne.
L'ours gronde.
Le loup hurle.
Le lion rugit.
Le perroquet parle.
Le rossignol chante.

DIVISION DU TEMPS

Cent ans font un siècle.
Il y a douze mois dans un an.
Il y a trente jours dans un mois.
Trois cent soixante-cinq jours font un an.
On divise le mois en quatre semaines ; chaque semaine est composée de sept jours que l'on nomme :
Lundi, Mardi, Mercredi, Jeudi, Vendredi, Samedi, Dimanche.
Les mois de l'année sont : Janvier, Février, Mars, Avril, Mai, Juin, Juillet, Août, Septembre, Octobre, Novembre, Décembre.

LES SAISONS

Il y a quatre saisons dans l'année : le Printemps, l'Été, l'Automne et l'Hiver.

AGRICULTEUR

C'est l'agriculteur qui laboure les champs, sème le blé et le récolte.

Sans les travaux de l'agriculteur, la terre resterait inculte et stérile, et les hommes seraient condamnés à mourir de faim ou à ne vivre que de mauvaises herbes. L'état d'agriculteur est donc très-honorable et nous devons avoir la plus grande estime pour ceux qui le pratiquent.

BOULANGER

On appelle boulanger celui dont le métier est de faire et de vendre du pain.

Le pain se fait avec de la farine détrempée dans de l'eau après y avoir mis le levain qui, mélangé avec la pâte, la fait fermenter et la gonfle. Avec cette pâte, on forme des pains que l'on met au four pour les faire cuire et les livrer à la consommation.

COUTURIÈRE

Les couturières s'occupent de la confection de tout ce qui concerne la toilette, comme chemises, robes, etc.

Les couturières se servent de fil, de coton ou de soie, selon l'étoffe qu'elles travaillent. Elles ont besoin de ciseaux, d'épingles, d'aiguilles et d'un dé quelles introduisent dans le bout du doigt afin de pouvoir pousser l'aiguille sans se blesser.

DOREUR

L'art du doreur remonte à la plus haute antiquité. Les doreurs appliquent l'or en poudre ou en feuilles sur l'objet qu'ils veulent dorer.

Il y a le doreur sur métaux et le doreur sur bois. Le doreur sur bois applique l'or sur les cadres des tableaux et sur les statues que l'on voit dans les églises.

ÉBÉNISTE

L'ébéniste est l'ouvrier qui fabrique nos plus magnifiques meubles et ces jolis riens qui ornent les salons comme consoles, chiffonnières, caves à liqueurs, petites bibliothèques. Le métier de l'ébéniste devient très-souvent un art lorsque celui qui l'exerce est doué d'un bon goût et d'une imagination féconde.

2.

FERMIÈRE

La fermière est l'âme de l'intérieur d'une métairie. Elle est chargée de tous les soins à donner au ménage et de préparer la nourriture, pendant que son mari, à la tête de ses domestiques, va dans les champs sarcler, ensemencer, faucher ou moissonner. En dehors de ces occupations, elle prend soin de la basse-cour et de la vacherie.

GAINIER

Un ouvrier gaînier est celui qui fabrique toute sorte d'ouvrages en chagrin, maroquin ou cuir bouilli, tels que gaînes de couteaux, étuis de ciseaux, tubes de lunettes d'approche. Il fait les porte-monnaie, les-porte feuilles, les porte-cigarres et ces boîtes ravissantes qui servent à mettre les bijoux et que l'on nomme écrins.

HARNACHEUR

Le harnacheur est l'ouvrier qui fabrique toute sorte de harnais pour un cheval. Ce métier et celui de sellier ou fabricant de selles se confondent presque toujours et ne font qu'un. Il s'occupe de la confection des brides, des rênes, des fouets, des colliers et des sangles.

Le cuir que les harnacheurs emploient vient de la Russie.

IMPRIMEUR

L'art de l'imprimeur est sans contredit le plus utile de tous les arts.

Dans une imprimerie les uns assemblent les lettres et forment les mots : on les appelle compositeurs ; les autres placent ces lettres sous une presse et reproduisent, au moyen d'une encre particulière, ces lettres sur du papier blanc. On appelle ces derniers des imprimeurs.

JARDINIER

Le jardinier prépare la terre d'un jardin, sème les fleurs ou les légumes, taille les arbres et les greffe au besoin. Il s'occupe de tout ce qui appartient à l'embellissement de nos jardins. Un bon jardinier doit savoir quelles sont les saisons qui conviennent à chaque espèce de fleurs, le terrain le plus convenable et la température la plus propice.

KILOGRAMME

Le kilogramme est un poids de mille grammes. L'origine de ce poids est toute moderne. Autrefois chaque ville de France avait ses poids et ses mesures particulières, ce qui causait un très-grand embarras dans les calculs. L'administration résolut de mettre un terme à ces inconvénients et établit l'unité des poids et mesures.

LUTHIER

Le luth est un instrument connu dès la plus haute antiquité. On appelle luthier l'ouvrier qui fabrique des instruments à cordes tels que guitares, mandolines, harpes, violoncelles, violons et contre-basses.

Les Italiens se distinguaient dans la fabrication de ces instruments, et cette renommée existe encore pour la fabrication des violons.

MARÉCHAL-FERRANT

Le maréchal-ferrant est un artisan qui ferre les chevaux et qui les panse lorsqu'ils sont malades. Le maréchal-ferrant doit connaître la structure anatomique du cheval, les principes de médecine du vétérinaire, et apporter à l'art de la ferrure une attention et des perfectionnements dont les hommes ignorants en cette matière sont loin d'apprécier les difficultés.

NOURRISSEUR

Le nourrisseur est celui qui, à Paris ou près des faubourgs, nourrit des vaches, des ânesses, des chèvres dans l'étable et fait commerce de leur lait. Le nombre des nourrisseurs est considérable, et malgré cela les populations des grands centres manqueraient souvent de lait, si les campagnes n'en fournissaient en abondance.

OISELEUR

Le métier de l'oiseleur est de prendre les oiseaux à la pipée, à la glue ou aux filets. La pipée est une sorte de chasse dans laquelle l'oiseleur contrefait le cri de la chouette pour attirer les oiseaux dans un arbre dont les branches sont remplies de gluaux.

Un oiselier, au contraire, a pour métier d'élever et de vendre des oiseaux.

POTIER

On appelle potier celui qui fait ou vend de la poterie, de la vaisselle de terre, de grès ou d'étain.

On appelle potier d'étain l'ouvrier dont le travail consiste à fabriquer toutes sortes d'objets en étain.

L'art du potier est très-ancien; c'est en 1281 qu'un potier trouva le procédé pour donner une couverte à la poterie.

QUINCAILLIER

Un quincaillier vend toutes sortes d'ustensiles, d'instruments de fer ou de cuivre, comme chandeliers, mouchettes, chenets, pelles, pincettes, garde-feu, couteaux, ciseaux, fourchettes et cuillers en fer, limes, pointes, clous, poids et balances, et autres objets servant aux arts industriels, à l'agriculture et aux ménages.

REPASSEUSE

La repasseuse est l'ouvrière qui blanchit et repasse le linge. La blanchisseuse de fin prépare d'abord son linge à l'amidon, et le repasse ensuite en lui donnant l'apprêt dont il a besoin. Une table, un fourneau, des fers, tels sont ses outils ; de l'amidon et du bleu indigo, telles sont les matières dont elle se sert.

SCULPTEUR

Le sculpteur est l'artiste qui, par le moyen d'un ciseau, donne une forme, une figure au marbre, à la pierre ou au bois. Le sculpteur qui cisèle le marbre et reproduit les traits des hommes illustres est appelé sculpteur statuaire. Celui qui ne s'occupe que des sculptures sur bois, ne fait que des ornements, rentre dans la classe des artistes industriels.

TONNELIER

L'artisan qui fait et qui raccommode les tonneaux, les barils, les cuviers, les seaux, et en général tous les vases propres à contenir les liquides, se nomme tonnelier.

Le tonnelier fabrique encore tous les instruments en bois qui servent pour mesurer les liquides, tels que les brocs et les litres.

USINE

Tout établissement important dans lequel une grande industrie s'exerce, tel que forges, fonderies, verreries, filatures, se nomme usine.

On appelle encore usine l'ensemble des bâtiments, des ateliers, des appareils d'un établissement manufacturier où l'on emploie la vapeur comme moteur principal des machines dont on se sert pour activer la fabrication.

VITRIER

Le vitrier proprement dit est l'ouvrier qui met des vitres aux fenêtres, aux chassis. Les peintres en bâtiments font le métier de vitrier.

Leurs instruments sont un diamant pour couper le verre, une règle, un marteau et des clous pour fixer le verre au chassis, et enfin du mastic, fabriqué avec du blanc de céruse et de l'huile siccative.

XYLOGRAPHE

Le xylographe est celui qui grave sur bois. La xylographie est l'art d'imprimer avec des caractères de bois ou avec des planches de bois, sur lesquelles sont taillées les lettres, les mots, les figures ou les ornemens.

Cet art est très-ancien; il remonte au règne de l'infortuné Charles VI, que l'on amusait pendant sa folie avec des cartes.

YALOTECHNICIEN

Polir le verre et le cristal, tel est le métier du yalotechnicien. Le yalotechnicien s'occupe aussi de graver des fleurs, des chiffres, des lettres et tous les ornements délicats que nous voyons sur ces verres que leur transparence et leur légèreté ont fait surnommer verres de mousseline.

Les cristaux de Bohême sont les plus renommés par leur élégance.

ZINGUEUR

Le zinc est une matière excessivement malléable et que l'industrie applique à une foule d'objets. On appelle zingueur l'ouvrier qui travaille le zinc.

Le zingueur fabrique des vases, des seaux, des tuyaux, des gouttières et beaucoup d'autres objets d'utilité ou d'ornementation pour les maisons et édifices.

PRIÈRES

ORAISON DOMINICALE

Notre Père qui êtes aux cieux, que votre nom soit sanctifié; que votre règne arrive; que votre volonté soit faite en la terre comme au ciel : donnez-nous aujourd'hui notre pain quotidien ; pardonnez nous nos offenses comme nous les pardonnons à ceux qui nous ont offensés, et ne nous laissez pas succomber à la tentation, mais délivrez-nous du mal.

Ainsi soit-il.

SALUTATION ANGÉLIQUE

Je vous salue, Marie, pleine de grâce; le Seigneur est avec vous; vous êtes bénie entre toutes les femmes, et Jésus, le fruit de vos entrailles, est béni. Sainte Marie, mère de Dieu, priez pour nous, pauvres pécheurs, maintenant et à l'heure de notre mort.

Ainsi soit-il.

SYMBOLE DES APOTRES

Je crois en Dieu, le Père tout-puissant, créateur du ciel et de la terre, et en Jésus-Christ son Fils unique, notre Seigneur; qui a été conçu du Saint-Esprit, est né de la Vierge Marie; a souffert sous Ponce-Pilate; a été crucifié, est mort, a été enseveli; est descendu aux enfers, et le troisième jour est ressuscité des morts; est monté aux Cieux, est assis à la droite de Dieu le Père tout-puissant, d'où il viendra juger les vivants et les morts. Je crois au Saint Esprit; la sainte Eglise catholique; la communion des Saints; la rémission des péchés; la résurrection de la chair; la vie éternelle. Ainsi soit-il.

CONFESSION DES PÉCHÉS

Je confesse à Dieu tout-puissant, à la bienheureuse Marie toujours Vierge, à saint Michel Archange, à saint Jean-Baptiste, aux Apôtres saint Pierre et saint Paul, à tous les Saints, et à vous, mon Père, que j'ai beaucoup péché, par pensées, par paroles, par actions et par omissions ; c'est ma faute, c'est ma faute, c'est ma très-grande faute : C'est pourquoi je supplie la bienheureuse Marie toujours Vierge, saint Michel Archange, saint Jean-Baptiste, les Apôtres saint Pierre et saint Paul, tous les Saints, et vous, mon Père, de prier pour moi le Seigneur notre Dieu.

Que le Dieu tout-puissant nous fasse miséricorde, qu'il nous pardonne nos péchés et nous conduise à la vie éternelle. Ainsi soit-il.

Que le Seigneur tout-puissant et miséricordieux nous accorde l'indulgence, l'absolution et la rémission de nos péchés. Ainsi soit-il.

COMMANDEMENTS DE DIEU

Un seul Dieu tu adoreras
Et aimeras parfaitement.
Dieu en vain tu ne jureras,
Ni autre chose pareillement.
Les Dimanches tu garderas,
En servant Dieu dévotement.
Tes père et mère honoreras,
Afin de vivre longuement.
Homicide point ne seras,
De fait, ni volontairement.

Luxurieux point ne seras,
De corps ni de consentement.
Le bien d'autrui tu ne prendras,
Ni retiendras à ton escient.
Faux témoignage ne diras,
Ni mentiras aucunement.
L'œuvre de chair ne désireras,
Qu'en mariage seulement.
Biens d'autrui ne convoiteras,
Pour les avoir injustement.

COMMANDEMENTS DE L'ÉGLISE

Les fêtes tu sanctifieras,
Qui te sont de commandement.
Les Dimanches la Messe ouïras,
Et les fêtes pareillement.
Tous tes péchés confesseras,
A tout le moins une fois l'an.

Ton Créateur tu recevras,
Au moins à Pâques humblement.
Quatre-Temps, Vigiles jeûneras,
Et le Carême entièrement.
Vendredi chair ne mangeras,
Ni le Samedi mêmement.

HISTORIETTES

LE PETIT ORGUEILLEUX

Un jeune enfant, non content d'être servi et bien servi par les domestiques de son père, veut avoir un domestique à lui. « Tu l'auras, » lui dit son père, « mais sois certain que tu seras plus le domestique de ton domestique que lui-même ne sera le tien. » Le petit garçon insiste, son père lui donne un groom. Un groom c'est un petit laquais vêtu d'un livrée galonnée, chaussé de bottes à revers et coiffé d'un chapeau à ganse d'or. Ce groom est fort élégant et fort leste, mais il est aussi fort paresseux, fort négligent et fort gourmand. De façon que c'est, au bout de quelque temps, le petit garçon qui est forcé, comme l'en avait prévenu son père, de nettoyer l'habit de son groom, de faire les commissions de son groom, de servir à table son groom, d'être enfin le groom de son groom.

Quand le père croit la leçon suffisante, il renvoie le groom, embrasse son fils et lui demande s'il ne vaut pas mieux en effet avoir à son service tous les domestiques de son père que d'en avoir un à soi.

LE PETIT IMPRUDENT

Des marins qui montaient une chaloupe, la Bien-Aimée, de Royan, petit village près de Bordeaux, aperçurent au large un bateau qui s'en allait en dérive, et dessus quelque chose de blanc qui s'agitait vivement. Un de ces marins, nommé Jean Luchet, jeune homme intrépide et courageux, malgré la violence des vagues et la pluie abondante qui tombait en ce moment, se mit dans une frêle embarcation et se dirigea vers le bateau. Ce quelque chose de blanc qu'on y voyait s'agiter, c'était un jeune enfant en chemise qui se lamentait et appelait son père, comme un naufragé appelle Dieu à son secours. Le petit imprudent était monté sur le bateau, l'avait détaché du rivage et eût infailliblement péri sans le secours que lui envoyait la Providence. L'enfant fut consolé et ramené à ses parents, que sa disparition avait laissé dans la plus cruelle inquiétude.

LE JEUNE ARTISTE

Salvator Rosa était un grand peintre qui vivait il y a bien longtemps. Il mourut dans l'année 1673. Il annonça de bonne heure qu'il deviendrait un grand artiste ; mais son père était pauvre, et voulait que son petit Salvatorello devint moine. Il le mit au couvent. Que faisait le jeune Salvator

Rosa ? Il charbonnait tout le jour les murs de sa prison, car c'est ainsi qu'il appelait le couvent. Il reçut pour prix de ses dessins de rudes corrections ; mais il était né avec ce penchant, il s'obstina, il charbonna, charbonna, charbonna tant et si bien les murs du couvent, ne respectant ni ceux qui conduisaient chez le prieur, ni ceux qui conduisaient à l'église, que les bons pères le chassèrent de leur sainte maison.

Salvatorello fut au comble de la joie : il avait la liberté, et il pourrait dessiner, peindre ! Il se souvint de sa sœur Stella, mariée au peintre Francanzani. Il commença ses études dans l'atelier de son beau-frère, et fit des progrès rapides et immenses. Il devint l'un des peintres les plus habiles de son temps. Il a laissé cent quatre-vingts tableaux, et pourtant il mourut à l'âge de cinquante-huit ans.

LA JEUNE FILLE ET LA LOUVE

Une louve exerçait d'affreux ravages dans plusieurs villages des environs de Bordeaux. Après avoir assouvi sa fureur sur les bestiaux, elle s'était attaquée à l'enfant d'un vigneron, qui ramassait de la fougère contre la lisière d'un bois bordant la route. Cette jeune fille, à peine âgée de treize ans, défendit ses jours avec un courage héroïque, en faisant usage d'une serpe dont elle se trouvait heureusement armée. L'animal furieux, criblé de blessures, hurlait d'une manière épouvantable, tandis que l'enfant criait au secours de toute la force de ses poumons. Un chasseur qui passait tout près de là, accourut sur le lieu de la scène, et arriva assez tôt pour délivrer la jeune fille d'une lutte au-dessus de ses forces, et à laquelle elle eût succombé, si deux coups de fusil, tirés à bout portant, n'eussent étendu sans vie le cruel animal sur le sable.

FABLES

LE LOUP ET L'AGNEAU

La raison du plus fort est toujours la meilleure :
Nous l'allons montrer tout à l'heure.

Un agneau se désaltérait
Dans le courant d'une onde pure.
Un loup survient à jeun, qui cherchait aventure,
Et que la faim en ces lieux attirait.
Qui te rend si hardi de troubler mon breuvage?
Dit cet animal plein de rage :
Tu seras châtié de ta témérité.
— Sire, répond l'agneau, que votre majesté
Ne se mette pas en colère;
Mais plutôt qu'elle considère

Que je me vas désaltérant
>Dans le courant,
>Plus de vingt pas au-dessous d'elle ;
Et que par conséquent en aucune façon,
>Je ne puis troubler sa boisson.
— Tu la troubles! reprit cette bête cruelle;
Et je sais que de moi tu médis l'an passé.
— Comment l'aurais-je fait si je n'étais pas né!
>Reprit l'agneau; je tette encore ma mère.
>— Si ce n'est toi c'est donc ton frère.
— Je n'en ai point. — C'est donc quelqu'un des tiens ;
>Car vous ne m'épargnez guère,
>Vous, vos bergers et vos chiens,
>On me l'a dit : il faut que je me venge.
>Là-dessus, au fond des forêts
>Le loup l'emporte, et puis le mange,
>Sans autre forme de procès.

LA CIGALE ET LA FOURMI

La cigale, ayant chanté
    Tout l'été,
Se trouva fort dépourvue
Quand la bise fut venue :
Pas un seul petit morceau
De mouche ou de vermisseau !
Elle alla crier famine
Chez la fourmi sa voisine,
La priant de lui prêter
Quelque grain pour subsister
Jusqu'à la saison nouvelle :
Je vous paierai, lui dit-elle,
Avant l'août, foi d'animal,
Intérêts et principal.
La fourmi n'est pas prêteuse ;
C'est là son moindre défaut ;
Que faisiez-vous au temps chaud ?
Dit-elle à cette emprunteuse.
— Nuit et jour, à tout venant,
Je chantais, ne vous déplaise.
— Vous chantiez ! j'en suis fort aise.
Hé bien ! dansez maintenant.

LE CORBEAU ET LE RENARD

Maître corbeau, sur un arbre perché,
    Tenait dans son bec un fromage.
Maître renard, par l'odeur alléché,
    Lui tint à peu près ce langage :
    Hé! bonjour, monsieur du corbeau!
Que vous êtes joli! que vous me semblez beau!
    Sans mentir, si votre ramage
    Se rapporte à votre plumage,
Vous êtes le phénix des hôtes de ces bois.
A ces mots, le corbeau ne se sent pas de joie;
    Et, pour montrer sa belle voix,
Il ouvre un large bec, laisse tomber sa proie.
Le renard s'en saisit, et dit : Mon bon monsieur,
    Apprenez que tout flatteur
    Vit aux dépens de celui qui l'écoute :
Cette leçon vaut bien un fromage, sans doute.
    Le corbeau, honteux et confus,
Jura, mais un peu tard, qu'on ne l'y prendrait plus.

TABLE
DE MULTIPLICATION

2	fois 2	font	4	5	fois 5	font	25	8	fois 8	font	64
2	3		6	5	6		30	8	9		72
2	4		8	5	7		35	8	10		80
2	5		10	5	8		40	8	11		88
2	6		12	5	9		45	8	12		96
2	7		14	5	10		50				
2	8		16	5	11		55	9	fois 9	font	81
2	9		18	5	12		60	9	10		90
2	10		20					9	11		99
2	11		22					9	12		108
2	12		24	6	fois 6	font	36				
3	fois 3	font	9	6	7		42	10	fois 10	font	100
3	4		12	6	8		48	10	11		110
3	5		15	6	9		54	10	12		120
3	6		18	6	10		60				
3	7		21	6	11		66	11	fois 11	font	121
3	8		24	6	12		72	11	12		132
3	9		27								
3	10		30	7	fois 7	font	49	12	fois 12	font	144
3	11		33	7	8		56				
3	12		36	7	9		63				
4	fois 4	font	16	7	10		70				
4	5		20	7	11		77				
4	6		24	7	12		84				
4	7		28								
4	8		32								
4	9		36								
4	10		40								
4	11		44								
4	12		48								

POISSY. — IMPRIMERIE ARBIEU.

POISSY. — TYPOGRAPHIE ARBIEU.

www.ingramcontent.com/pod-product-compliance
Lightning Source LLC
LaVergne TN
LVHW051501090426
835512LV00010B/2280